A ROSA IMORTAL
Diálogos de Um Jardineiro

Dolores Bacelar
Pelo espírito: Um Jardineiro

A ROSA IMORTAL
Diálogos de Um Jardineiro

Dados Internacionais de Catalogação na Publicação (CIP)

(Câmara Brasileira do Livro, SP, Brasil)

Um jardineiro (espírito)
    A rosa imortal: diálogos de um jardineiro/ pelo espírito Um Jardineiro; [psicografado por] Dolores Bacelar – 4ª ed. – São Bernardo do Campo, SP : Correio Fraterno, 2005.

1. Espiritismo.
2. I. Título.

CDD 133.7

Índice para catálogo sistemático
1. Mensagens psicografadas: Espiritismo 133.7

Produção editorial: Izabel Vitusso
Digitalização: Carlos Eduardo Rodrigues
Projeto gráfico e capa: Patrícia Figueiredo
Revisão: Mariana Sartor

Editora Espírita Correio Fraterno do ABC
Avenida Humberto de Alencar Castelo Branco, 2955
09851-000 - S. Bernardo do Campo - SP -
Caixa Postal 58 - 09720-971
Tel. (11) 4355-8570/ 4109-2939 - Fax: 4109-1960
Site: www.correiofraterno.com.br

E-mail: correiofraterno@correiofraterno.com.br

O produto desta obra, e de todas as atividades da Editora Correio Fraterno do ABC, é destinado à divulgação da Doutrina Espírita e às obras de assistência do Lar da Criança Emmanuel.

Sumário

Anônimos sublimes 07
1. O próximo 09
2. Colheita 11
3. Indolência 13
4. Ingratidão 15
5. Muito difícil 19
6. Inspiração 21
7. Contabilidade 25
8. A providência 27
9. Verdade 31
10. Irreflexão 33
11. A pirâmide de Mahmud 35
12. Diálogo 39
13. Ignorância 43
14. Que contém a tua arca? 45
15. Grandeza 49
16. "Essentia immortalis" 51
17. Reciprocidade 53
18. O "moueddin" 55
19. O teste das virtudes 57
20. A túnica de Jesus 61
21. Humildade 63

22. A pedra da esperança 65
23. Felicidade 69
24. Não basta dar 71
25. O relógio e o espírito 73
26. O Reino da Terra e do céu 75
27. Insatisfação 79
28. Floricultura 81
29. Rosa Imortal 83
30. Egoísmo 87
31. Altruísmo 89
32. Aparência 91
33. Riqueza e pobreza 93
34. Presunção 95
35. A justiça de Deus 97
36. Avareza 101
37. Corpo e essência 103
38. Orgulho 105
39. Queda 107
40. Pretensão 109
41. Diferença 111
42. Nada é desprezível 113
43. Resumo 115

Anônimos Sublimes

— Aonde vais, homem, nesta madrugada tão fria, com tantas flores orvalhadas?
— À "Mansão do Caminho", onde meu Senhor cultiva suas mais queridas plantinhas.
— Quem és tu?
— Um Jardineiro, um anônimo.

"Um Jardineiro" é pseudônimo de mavioso poeta que pela mão de Dolores Bacelar nos entrega delicadas flores. Seu nome ninguém sabe. Para quê? Quantos nomes teria ele usado através dos tempos. É como Emmanuel, Alfredo, Josefo, André Luiz, Cáritas, Imperator e mil outros Espíritos, que vão enriquecendo as letras doutrinárias, criando nova mentalidade para o mundo. Desfazem, com suave humildade, a velha suposição de que a literatura mediúnica é formada de "pastiches", de imitação de estilos de escritores consagrados.

Não revelam seus nomes e não tomam nenhum modelo literário. Não pertencem a nenhuma escola do passado; estão formando a literatura universalista do porvir. Tudo neles é original e desconhecido de nossas rotinas. Não ambicionam glória nem buscam aprovação de academias; falam de preferência aos corações simples e puros; instruem e educam; seus pseudônimos vão-se tornando respeitáveis e amados por toda a gente, como mestres que realmente são e serão.

Ismael Gomes Braga

I

O Próximo

— Amas teu próximo, homem religioso?
— Quem é o meu próximo? Não o distingo!...
— Amas teu pai, tua mãe, teus irmãos, teus filhos?
— Sim! De toda a minha alma.
— E a ti?
— Muito, muito...
— Teus amigos?
— Também, mas são poucos.
— E os inimigos?
— Odeiam-me, não posso amá-los.
— Amarias quem te roubasse?
— Não! Denunciá-lo-ia à Justiça.
— E a decaída?
— Causa-me nojo...
— Perdoarias a calúnia?
— Não! Odeio covardes e mentirosos.
— E a ingratidão? E a injustiça?

— Jamais.
— A quem te pedir auxílio, perguntarias: quem és?
— Sim ... sou prudente e precavido.
— Já sabes quem é o teu próximo?
— Não...
— É todo aquele que não amas.

2

COLHEITA

—Sabes o que é plantar, homem que cultiva?
—Sim... É confiar a semente à Terra.
—E colheita?
—É o resultado da sementeira.
—Que plantaste em tua seara? Rosas? Jasmins? Violetas?
—Não sou jardineiro.
—E fruteiras?
—Não dão lucros; as aves e os ladrões roubam-nos os frutos.
— Que plantaste, então?
— Cicuta.
— Que colheste?
— Veneno.

3

Indolência

— Acorda, ó jovem. A tua eleita vem lá ao longe, pela estrada! Acorda... Vem esperá-la à porta! Adorna-te com tuas brancas vestes, e traze a coroa de verbenas que teceste pensando nos louros cabelos dela. É tão linda a tua eleita...

— Deixa-me dormir um pouco mais... Terei tempo de aprontar-me para recebê-la...

— Ela se aproxima, desperta! Já posso ouvir seus passos sobre a areia do caminho...

— Sim... Só um minuto mais ...

— Adormecido não a verás passar... E ela tão raramente palmilha estas planícies...

— Vive tão longe, lá nas altas montanhas nevadas...

— Logo acordarei...

— Desperta! Desperta! A tua eleita está passando...

— Sim...

— Ó jovem... Dormias enquanto a tua eleita passava tão perto de ti ...Perdeste a alegria de vê-la!

— Voltará amanhã...

— O Amanhã não tem a "certeza" do Hoje. É sempre um "talvez".

4

INGRATIDÃO

— Hoje é o teu dia de glória! Vais receber a coroa de louros em honra de teu esforço. Parabéns! Lutaste e venceste. Até o dia festeja-te a vitória na Terra. Vês? Ele está transparente como um espelho, refletindo paz de crepúsculo, vestindo a paisagem com as cores do arco-íris e envolvendo-a naquela magia de um eclipse solar... Também as coisas sem alma, mortas, parecem hoje sonhar, reviver... Querem dizer-te algo de gentil com o mesmo ardor destas flores que te enviaram. O vegetal e o mineral falam uma língua muda, mas rica de expressões de sentimento... Esta esmeralda que ostentas em teu dedo, por exemplo, diz como ninguém de sua alegria em simbolizar teu mérito...

— Sim, tens razão! Hoje, em minha volta, tudo parece sorrir, falar... Sinto-me feliz!

— Sempre foste assim feliz? Ou duvidavas da vitória, do teu futuro?

— Como duvidei e como sofri...

— Conta-me...

— Às vezes faltava-me toda coragem e escasso era meu pão. Porém minha mãe, aquela velhinha que vês ali, animava-me e dividia comigo seu alimento, quando não se privava de todo ele em meu benefício, compreendendo que eu necessitava fortalecer-me para melhor estudar. Éramos muito pobres...

— Sim? E quem trabalhava custeando-te as despesas?

— Minha mãe. Muito novo, fiquei órfão de pai. Ela costurava dia e noite para manter-nos.

— Admirável mulher, tua mãe! Mas já está bem idosa, até julguei que fosse tua avó...

— Mamãe não é tão velha assim. As privações e o trabalho excessivo gastaram-na...

Sim, foi isso, mas ainda é bela a tua mãe, apesar das lutas. E hoje ela está feliz, vendo que mereceste o seu sacrifício... Irá certamente à tua festa, logo à noite...

— Não, não irá...
— Por quê?
— Mamãe teima em vestir-se à antiga... Não sabe cuidar-se... As mães dos meus colegas são todas senhoras modernas, aparentando mocidade e elegância. Mamãe destoaria delas, não se sentiria à vontade, nem eu também...

— Ah! Compreendo... E quem vai entregar-te o diploma? Alguma irmã?

— Sou filho único. Mas não te preocupes. Vou receber o diploma das mais belas mãos que eu conheço.

— Sim? E a quem pertencem essas maravilhas anatômicas?

— À minha bela, jovem e rica noiva.

5

Muito Difícil...

— Qual a melhor maneira de ensinar Caridade?
— Exemplificá-la.

6

INSPIRAÇÃO

— Que fazes, ó homem, aí parado sob esse cedro?

— Ouço o rouxinol cantar. Quero imitar-lhe a maviosidade. A minha voz soa monótona, sem harmonia. Por que não canto como o rouxinol?

— Talvez não sintas a vida como o rouxinol.

— Que pode sentir de extraordinário uma ave? São todas iguais...

— Enganas-te... Podes comparar o corvo a esse rouxinol?

— Não... O corvo crocita, e essa ave, cantando, nos transporta ao reino da melodia.

— Sim, disseste bem. Observa agora, com olhos de justa autocrítica, se não sentes as coisas de modo diferente do rouxinol...

— Como?

— Amas a madrugada?
— Não a conheço...
— E o evangelho do pôr-do-sol?
— De tão repetido não lhe acho mais encanto...
— E o céu?
— A Terra me absorve de tal maneira, com múltiplas obrigações e afazeres, que não me sobra tempo para contemplá-lo... E mesmo fere-me o olhar míope, a limpidez e profundeza do céu.
— E o mar?
— Sou insensível a tudo que é imutável.
— Amas a simplicidade? Ou preferes esconder o que tens de feio sob a máscara do artifício?
— Se o artifício disfarça imperfeições, como não preferi-lo?
— Encanta-te os sentidos, a luz primaveril?
— Não... Ela é como a infância: enerva-me.
— E o amadurecimento das tardes de outono?
— Tem um dissabor de coisas velhas ... Detesto a velhice.

— Após as tempestades e vendavais que te destruírem os ninhos de ventura, chorarás ou cantarás agradecendo a Deus as dádivas que te restarem?

— Desesperaria-me! Como cantar na desgraça?

— E ante a dor do teu próximo, vibras de piedade ou segues indiferente?

— Tiro os demais por mim: tenho horror da compaixão alheia! Humilha-me...

— Vês algo aqui, nesta paisagem, que te inspire cantar?

— Nada... É uma paisagem como outra qualquer.

— Não te sentes neste silêncio como em um templo?

— O silêncio inquieta-me...

— E a solidão?

— Exaspera-me...

— Não te penetra a alma e até a dor, esta incomparável castidade do azul e branco que veste o espaço?

— Acho o azul e o branco, cores monótonas... Causam-me aos nervos vibrações agudas e dolorosas...

— Ah! Entretanto, diante desta paisagem que te parece muda, ouve como canta o rouxinol !

7

CONTABILIDADE

— Quantos são os postulados do Espírito?
— Três: Caridade, Amor e Verdade.
— Quantas são as finalidades da alma, neste mundo?
— Quatro: querer a Deus, servir ao próximo, aprofundar-se no saber, implantar a paz.

8

A Providência

— Estás triste, Jardineiro?
— Mais que triste: viúvo de Esperança...
— Como? Há dias estavas tão feliz, adubando o teu jardim! Que te aconteceu?
— Fui surpreendido pela tempestade, quando, plantando as minhas sementes, sonhava com a floração na Primavera. Cantava na alegria do plantio, quando a tempestade chegou terrível destruindo minhas flores e meus sonhos de colheita... Foi horrível! Ribombava o trovão e os ziguezagues dos relâmpagos pareciam lagartas de fogo queimando o espaço... Fugi desesperado vendo perdido, o meu trabalho... Todo o meu jardim desfeito pelas águas da borrasca. Minhas tulipas e lírios pereceram... Perdidas as sementes, nada mais me resta, nem sequer a Esperança...

— Não fales assim... Tornarás a plantar.

— Já não tenho coragem nem força... Para que insistir, se a borrasca nos surpreende e mata-nos as sementeiras? Prefiro a inatividade a sofrer novos danos.

— A inatividade é improdutiva e estacionária. Como podes abandonar a terra que laboriosamente adubaste, saneando-a de larvas e parasitas?

— Por muito ter feito, dedicando ao meu jardim todas as horas do dia, sofro mais o desencanto da inutilidade do meu esforço. Perdi o meu tempo... Sol a sol preparando os meus canteiros, e, quando confiava à Terra as minhas mais fecundas sementes, veio a tempestade e tudo exterminou...

— Trabalho nenhum se perde totalmente, Jardineiro. De todo ele, fica sempre algum fragmento sobre a Terra. Leva-me ao teu jardim...

— O meu jardim pereceu. A tempestade destruiu-o todo...

— A tempestade já serenou há muitos dias. Fulge o sol novamente. Toma tuas ferramentas e vem a teu jardim... Tornarás a plantar teus canteiros. Vem... Não deixes morrer em tua Alma a flor da Esperança, Jardineiro.

— Sepultada já está ela em meu coração. Diziam-me: "Planta e colherás". Plantei... E o que colhi eu?... Só desventuras... Não tenho mais ânimo para plantar. Fugiu-me a alegria da vida. A tempestade destruiu tudo, tudo...

— Reanima-te e confia na Providência.

— Que Providência? Onde estava ela, quando a borrasca me feriu?

— Oculta na Alma de todas as coisas cultivando as sementes da Esperança. Peço-te... Vem comigo ao teu jardim. Vem, Jardineiro...

— Vou porque insistes. Nada mais me importa... Tudo me é indiferente.

— Apóia-te em mim... Assim. Vamos... Sentes a diferença do ar aqui fora? Há paz de Evangelho nesta paisagem. Olha o céu... Vê que pureza de azul! Mas, dize: onde fica o teu jardim?

— Ali... Vês? Parece um sonho! Como está viçoso todo ele! Então, a tempestade não matou as minhas sementes! Vejo-as brotando em profusão! Não perdi o meu trabalho!

— Bem vês que não, Jardineiro... Enquanto choravas, Alguém que vela por todas as coisas, mesmo pelas pequeninas sementes, transformou-as em rebentos. Esse Alguém, quando adormecemos sobre o leito da Aflição, zela por nossos bens multiplicando-os. Quando já despertos da Dor, encontramos, como tu agora, Jardineiro, as nossas sementes transformadas por esse Alguém, em rebentos, botões, flores e frutos.

9
VERDADE

— Pode-se encobrir a Verdade?
— Encobre-se, mas como o sol, ela sempre aparece. E como fulgura, então!

10

Irreflexão

— Ó viandante, vieste em má hora. Não posso hospedar-te porque aguardo a chegada de alta personagem...

— Não faz mal, hoteleiro. Continuarei viagem.

— Pelo caminho, viandante, encontrarás outras estalagens. Mas, parte depressa, o meu hóspede não tarda.

— Já vou... Adeus, hoteleiro.

— Até que, afinal, partiu ele. Agora, aguardarei a vinda do príncipe. Como será ele? ... Velho? ... Novo? ...

— Servo, engalana a estalagem, o príncipe não tarda ...

— Que príncipe, senhor?

— Ora! O que está para vir.

— Mas ele já veio, e o senhor, meu amo, o despediu.

— Como?
— Era ele o viandante que o meu amo despachou 'inda há pouco.
— Ah...

11

A Pirâmide de Mahmud

— Conta-nos a história, Jardineiro, do homem que quis construir uma pirâmide, para abrigar nela as dores do mundo.

— Chamava-se Mahmud esse homem louco, meu filho, e vivia na cidade de Balk, já há muito destruída pelo Tempo. Era ele jovem e inteligente, e conta a tradição que Mahmud se comunicava com os gênios de Bel, o deus babilônico. Por inspiração desses gênios, começou ele a construir uma pirâmide, sonhando abrigar nela os infelizes da Terra.

Enquanto Mahmud trabalhava em sua obra, vinha até ele, suplicando abrigo, uma procissão de miseráveis composta de todos os infelizes do Balk. E, ao vê-los, dizia-lhes Mahmud com incontida impaciência:

—Nada posso fazer por vós, agora. Aguardem a construção da pirâmide.

E os anos foram passando... Já outros eram os pobres de Balk... Os miseráveis vivem pouco por Misericórdia divina.

E Mahmud continuava trabalhando na construção de seu sonho. Já não era o jovem do princípio. O Tempo curvara-o um pouco, e a neve dos anos embranquecia os seus negros cabelos.

Porém, Mahmud, incansável e obstinado, continuava a construir a sua pirâmide e a dizer sempre aos que lhe vinham suplicar agasalho:

— Agora não posso socorrê-los... Aguardem a minha pirâmide. Ela há de abrigar todas as dores da Terra ...

E os anos passavam, passavam... E a miséria mudando sempre de face... Até que, certo dia, Mahmud terminou sua pirâmide. Ficara um monumento grandioso! E, então...

— Ah! Já sei, Jardineiro, Mahmud abrigou nela, finalmente, todas as dores da Terra! Não foi?

A Rosa Imortal

—Não, meu filho, infelizmente, ele não pôde fazê-lo, porque morreu no mesmo dia do término de sua obra.

—Ah ... E a pirâmide?

—A pirâmide serviu de túmulo a Mahmud.

12

Diálogo

A aurora, azul e límpida, lembrava uma água-marinha, quando ouvi singular diálogo.

O orvalho adornara com seus brilhantes matinais todo o jardim à beira-mar.

Balançando-se, em sua frágil haste, uma rosa dourada radiava beleza e fragrância. Dir-se-ia que todo o ouro do sol concentrara-se em suas pétalas amarelas...

A seus pés, fugitiva da preamar, repousava uma ostra.

Ao vê-la, disse-lhe a rosa:

— Como podes viver com esse asqueroso aspecto?

— Conforme Deus o quer.

— Não te rebelas contra a Justiça divina que fez a ti e a mim?

—Rendo-lhe graças por te ter feito assim perfumada e linda.

—Não me invejas a beleza?

—Que é inveja?

—É desejar, com ânsia, os bens do próximo.

—Não invejo ninguém, então.

—Nem a mim?

—Admiro-te! És um poema pleno de essência, beleza e colorido.

—Inspiras-me compaixão... Nasceste tão feia! Eu não poderia viver com o teu aspecto.

—Por isso vives tão pouco... Quando a tua beleza fenece, morres...

—Sim, morrerei com a minha beleza! Ela é a razão do meu existir. Faltando-me ela, falta-me a Vida.

—E deste teu colorido, do teu perfume, nada deixas à Terra?

—Nada. Tudo morre comigo.

—Que pena...

—Tu me lastimas, desprezível ostra? Tu, horrenda e feia? De mim ainda fica à Terra a lembrança de minha beleza. E de ti, que sobra a ela?

Humilde, a ostra não respondeu. Afastou-se, vagarosa, em direção ao mar.

Sobre a areia do jardim, junto de uma pétala amarela que se desprendera anunciando a morte da Rosa, uma pérola fulgurava... Parecia uma estrela caída do céu.

13

IGNORÂNCIA

— Comerciante, que fizeste do quadro que ontem vi ornamentando tua vitrina? Era um original belíssimo de grande valor artístico. Onde está ele?
— Troquei-o...
— Trocaste-o? Por qual obra, comerciante?
— Por esta aqui...
— Mas, isto é uma cópia, uma obra falsa.
— Que fizeste, comerciante?

14

QUE CONTÉM A TUA ARCA?

— Foi assim... Isso aconteceu quando uma estrela, desprendendo-se do Infinito, desceu até à Terra, penalizada pelas trevas que a envolviam. Quis vir iluminar-lhe os caminhos.

— E já faz anos?

— Sim... muitos e muitos anos. Mas, deixe-me contar. Um dia, no Reino dos Céus, o Senhor esperava por alguém que lhe pudesse fazer companhia. Ansiava o Criador, por uma voz que entendesse a Sua, por um coração que repousasse no Seu.

— E o que aconteceu?

— Todas as criaturas, como era natural, quiseram ocupar esse lugar junto ao Seio de Deus. Com essa pretensão, foi ter à Mansão Eterna, o Espírito de um rei conduzindo uma arca, e disse ele ao Senhor:

— Trago nesta arca todo o Poder do mundo para ofertar-Te.

Mas, ao abrir a arca, esta estava completamente vazia... Triste, o rei partiu.

E veio depois um Espírito de artista, também carregando uma arca, e disse ele ao Criador:

— Trago nesta arca toda a Glória do mundo para ofertar-Te.

Mas, ao abrir a arca, esta continha apenas cinzas... Triste, o artista partiu.

Após, veio à Presença de Deus, o Espírito de um milionário, trazendo também pesada arca, e disse ele ao Pai:

— Trago nesta arca todos os tesouros do mundo para ofertar-Te.

Mas, ao abrir a arca, esta apenas encerrava lama... Triste, o milionário partiu.

Compareceu ao Reino dos Céus, o Espírito de um sábio sobraçando antiga arca, e disse ele ao Eterno:

— Trago nesta arca todo o saber do mundo para ofertar-Te.

Mas, ao abri-la, a arca continha um pergaminho todo destruído pelo Tempo... As teorias ali gravadas estavam ilegíveis e confusas... Triste, o sábio partiu.

Foi, então, que chegou à Mansão de Deus um Homem diferente de todos os homens. Era manso e todo Amor e tinha os olhos mais ternos do mundo. Carregava uma arca tão grande e pesada como a própria dor humana. Abrindo-a diante do Pai, estendeu-Lhe uma cruz rubra de sangue. Tomando-a, o Senhor a beijou transformando-a em luz. Depois, abrindo os braços, recebeu neles o Recém-Vindo...

E o que falam os Dois desde então, só os Arcanjos e as estrelas podem contar.

15

GRANDEZA

— Qual o maior homem da Terra?
— É aquele que se faz pequenino diante de Deus.

16

"Essentia Immortalis"

— Quem és?
— Eu sou a Rosa, a rainha das flores. Sou um poema em cor. E tu?
— Eu sou a irmã de Afrodite. Deslumbro, apaixono e inspiro artistas e poetas. Por onde passo, dizem: "É a mais bela criatura do mundo!" Eu sou a perfeição de um corpo de mulher.
— E quem és tu?
— Eu sou a Águia, a poderosa rainha das aves.
— E tu?
— Sou o Leão, o rei das selvas.
— Quem és tu?
— Eu? Bem vês: sou o rei da Criação – o Homem.
— E tu?

— Deram-me o nome de Virtude, mas não sei quem sou. Não tenho títulos nem forma.

— E onde vives?

— Nas boas almas que me acolhem... Sem elas não existiria.

— E tu, aí?

— Eu sou aquele que destrói o corpo de Afrodite e o de Apolo. Os corpos das flores e das aves, o do Homem e o do animal, servem-me de repasto. Sou o Verme, o que tudo devora: beleza e majestade... Tudo.

— Tudo?

— Menos a Virtude.

17

Reciprocidade

—Por que choras?
—Pelas tristezas da Vida.
—Da Vida ou tuas?
—Como queiras... Minhas ou da Vida, não vem ao caso. Choro, essa é a realidade... Sofro muito. E que fiz eu para ser tão infeliz? Eu que sempre plantei?...
—Ah... Plantavas?! Onde? Não vejo flores em tua volta, nem frutos...
—Plantei na terra das outras almas.
—Sim? E o que plantavas tu?
—As sementes do meu coração.
—Estranho... Deixa-me examinar essas sementes. Vejo aqui inúmeros grãos de orgulho, vaidade, indiferença e luxúria... Quantos e quantos de ciúme, inclemência, inveja... Sementes de impiedade, violência,

egoísmo e volúpia... Muitas de prepotência, hipocrisia, maledicência e sensualidade... Sementes de ódio, rancor, personalismo, vingança e de mentiras... Ó Jardineiro, nas Almas plantaste apenas sementes do Mal, como queres colher flores e pomos de Alegria e Ventura?

18

O "MOUEDDIN"

— Deus é grande! — dizes tu, cinco vezes no Dia, ó "moueddin", fitando o céu do alto do teu minarete. E de tanto o repetires, este teu brado não tem mais sentido. E nós o que somos, ó "moueddin"?

— Menos que os vermes, se não temos ainda o SENTIDO da Grandeza de Deus.

19

O Teste das Virtudes

—Qual o maior perigo para a evolução do Homem, Jardineiro?

—Creio que não há melhor resposta para esta pergunta, que certa história que eu conheço... Quer ouvi-la?

—Sim...

—Quando o Homem atingiu o Raciocínio e a Razão, ingressando nos domínios da Consciência, dizem que o Espírito das Trevas foi chamado aos Céus e, então, disse-lhe o Senhor:

—Quero confiar-te delicada missão. Ouve... Na Terra existem muitas Almas que se dizem honestas, puras e boas. Porém, quero provar-lhes as Virtudes. Por isso mandei chamar-te. Tens que ser o portador de um elemento que me vai servir para testar as Virtudes das Almas. Toma-o, Eu to confio. Leva-o à Terra... Depois, volta aqui e dize-me quantas Almas resistiram ao fascínio que deste elemento emana.

E o Espírito foi e, passado algum tempo, compareceu à presença do Eterno.

— Então? – perguntou-lhe o Senhor.

— De mil em mil Almas, uma apenas ficava indiferente ao poder do terrível elemento que me confiaste – respondeu o Espírito. As demais – continuou ele – deixei-as a disputá-lo nas mais traiçoeiras e desleais lutas... Foi infernal ao que assisti! Horrorizei-me, Senhor...

— Compreendo-te ... mas continua testando as Almas humanas com o elemento que te confiei. Quando toda a humanidade terrestre souber desprezar esse elemento por amor às Virtudes, então, tu receberás, em luz, a recompensa que mereces pelo muito que trabalhaste. Volta à Terra e continua cumprindo a tua missão.

— Aqui finda a história, meu filho.

— E que terrível elemento foi esse, Jardineiro, que fez provocar tamanha revolução e que até ao próprio Espírito das Trevas horrorizou?

— O ouro.

20

A TÚNICA DE JESUS

— Pontífice, por que vestes púrpura e ouro, se te dizes sacerdote de Deus?

— Para honrá-Lo.

— Não confundas Deus com os poderosos da Terra. Esses amam as ricas vestes e jóias caras. Deus sorri à Simplicidade, pontífice.

— Enganas-te. Em todos os tempos Ele tem sido adorado em templos majestosos.

— Não confundas os deuses criados pelos homens com o Incriado. D'Este sempre foram templo e altar as Almas humildes. Despe essas púrpuras e desce do trono em que te situaste, ó pontífice... Lembra-te: Jesus nasceu numa manjedoura, viveu na pobreza do lar de Nazaré e, depois, não teve uma pedra onde repousasse a cabeça. Desce desse trono de ouro, arranca essa tríplice coroa de pedras preciosas e, juntando-os aos tesouros acumulados, transforma todos esses bens materiais em pão e agasalho para os necessitados da Terra; então, enverga a túnica da Pobreza que vestia Jesus. Os potentados e os reis não mais te cumprimentarão, porém o Filho de Deus virá beijar-te a fronte, os pobres te sorrirão agradecidos, e os Anjos cantarão nos Céus, em tua honra, Hosanas e Glórias! Despe essas púrpuras, ó pontífice.

21

HUMILDADE

—Então?
—A Rosa, com desdém, desprezava a Violeta, por ser aquela trigueira e pequenina.
—E daí?
—Disse-lhe o Girassol: Se és bela, feres com teus espinhos quem de ti se aproxima, enquanto a Violeta é só perfume e doçura.

22

A Pedra da Esperança

— Jardineiro, o que é a Pedra da Esperança?

— É uma preciosa Pedra da cor do Céu. Tem a forma de um coração humano e fulge tanto como a estrela da tarde. Dizem que ela surgiu de uma Lágrima de Deus, chorando a queda do Homem.

— E existe realmente essa Pedra?

— Sim, porque muitos a têm visto.

— E é fácil encontrá-la?

— Fácil não é, porque de quantos ambicionam vê-la raros são aqueles que o conseguem. Parece que sua presença depende da Bondade e confiança que as Almas que a desejem, lhe inspirem... A Pedra da Esperança tem o dom da multiplicidade, porque tem sido vista em várias partes do globo.

Dolores Bacelar - Um Jardineiro

Dizem que quando houve a primeira fome na Terra, uma pobre mulher encontrou a Pedra da cor do lótus azul, e com ela comprou pão para todos os que dele necessitavam. Outra vez, foi ela parar às mãos de um santo varão que orava suplicando ao Eterno que enviasse meios para debelar terrível epidemia, que avassalava um grande número de cidades. Graças à Pedra, o mal foi combatido. Quando o Pobrezinho de Assis mendigava pelas estradas da Úmbria, para socorrer os seus irmãos chegados pela Vida, dizem, também, que a Pedra da Esperança, vez ou outra, estava em seu poder. Possuíram-na entre outros, Vicente de Paulo, Antônio de Pádua e José de Anchieta.

— E nunca mais ela foi vista, Jardineiro?

— Sim, muitas vezes tem sido vista. Sempre quando qualquer Alma se propõe a auxiliar o irmão carente e não dispõe de meios, pode contar ao certo com a Pedra da Esperança. Na hora precisa, ela lhe surge pelo caminho. Mas...

— Há um "mas", Jardineiro?

—Sim, meu filho, há um "mas". Se a Alma não souber usar a Pedra da cor dos miosótis, esta, por séculos e séculos, lhe queimará a vida com as torturas da geena.

—Por quê?

—Porque ela pertence ao Tesouro de Deus. Filha da Piedade divina, vem à Terra não para ser espoliada pelo egoísmo ganancioso, mas para balsamizar, auxiliar, socorrer, abrigar, com o seu produto, os pobrezinhos do Senhor.

—E ela é, Jardineiro?

—O óbulo da Caridade, meu filho.

23

Felicidade

— Disseste-me, ó Homem do Caminho, que a Felicidade vivia nos picos distantes das altas cordilheiras. Desde então comecei a escalá-los, sonhando ser feliz... Tenho atingido os mais elevados cimos e, até aqui, não encontrei a Felicidade. Apenas tenho visto...
— Dize... Que tens visto?
— Quando inicio as escaladas, vejo sempre, na base das montanhas, uma multidão de pobres criaturas, de seres tão enfraquecidos, que parecem incapazes de caminhar sequer alguns passos e que, entretanto, olham para o alto, como em prece, suspirando desolados...
— E o que fazes, quando os vês?
— Sigo o meu objetivo. Sobre aqueles olhos súplices, escalo os mais culminantes cimos.

— E ainda não atingiste a Felicidade?

— Não ... Enganaste-me, ó Homem do Caminho, ela não vive no cimo das montanhas.

— Vive, sim. Porém a buscaste nas alturas materiais, quando ela se encontra nas cordilheiras do Sentimento Humano. Passavas pela Felicidade, toda vez que encontravas a multidão de infelizes olhando-te súplice. Pedia-te ela Amor, Solidariedade, Compaixão, elevados cimos onde mora a Felicidade.

24

Não Basta Dar

— Eu sei, não negues. Deste esmola e silenciaste... Fizeste um Bem, és um justo.
— Eu não disse a ninguém. Como o soubeste?!
— Quem fala pelo justo não é ele e sim suas boas ações...
— Eu dei muito mais que este a quem chamas de justo. Sou muito bom. Se ele é justo, e só fez um Bem, que serei eu que tanto beneficiei?
— És um vaidoso.

25

O Relógio e o Espírito

— Pode o Espírito estacionar no tempo?
— Sim, porque a Vida de um Espírito é semelhante a um relógio: paralisa em suas funções evolutivas se deixa de trabalhar, confinando-se à inércia, como acontece a um relógio a que esqueceram de dar corda.
— E como um relógio, pode o Espírito recuperar o tempo passado?
— Sim, basta que caminhe, aceleradamente, pela Estrada da Exemplificação evangélica, e há de vencer o espaço de tempo que o separa do marco ascensional que lhe assinala a marcha evolutiva. Mas há algo importante que diferencia um relógio de um Espírito: aquele recupera o tempo perdido graças ao impulso de mãos estranhas; o Espírito tem que atingi-lo, unicamente, pelo próprio esforço.

26

O Reino da Terra e do Céu

— Vê que maravilhoso palácio é o meu! Todo construído no mais belo e puro estilo arquitetônico. Olha estas majestosas escadarias de mármore de Carrara... não te parecem lindas? E estes candelabros de cristal, já viste mais deslumbrantes? Todos os ornamentos de meu palácio são autênticos. Admira estes quadros e estas estátuas... São criações de grandes mestres da Arte. Diante destas belezas, destes bens, sinto a Terra como se fora o meu reino! ...

— Sim, a Terra te tem sido pródiga. Mas silencia... Podem ouvir-te aqueles que habitam carcomidos barracos, pobres choupanas caindo aos pedaços. Eles não compreenderiam tamanho luxo e riqueza.

— Senta-te à minha mesa... Deliciosas são suas iguarias. Serve-te! Este vinho louro parece néctar... Experimenta a delícia destes bolos e doces. E estas frutas? Escolhe as que quiseres... Banqueteia-te! Farta é a minha rica mesa.

— Sim ... Mas silencia ... Podem ouvir-te aqueles que nada têm para comer. Eles não compreenderiam tamanha fartura enquanto morrem à fome.

— Vem admirar o sólido saber de meus filhos. Eles freqüentam os melhores colégios e têm, além disso, os mais especializados professores particulares. Sabem diversas línguas. Conhecem Literatura Nacional e Estrangeira. Estudam Belas Artes. Também gasto uma fortuna em livros e objetos didáticos.

— Sim... Mas silencia... Podem ouvir-te aqueles que nem sequer conseguem uma vaga nas escolas públicas para um dos seus inúmeros filhos, que crescem condenados à ignorância... Eles não te compreenderiam.

— Quero mostrar-te o meu guarda-roupa. Foi todo talhado pelos mais célebres costureiros. Repara nestes tecidos... Sentes como são delicados? E estes linhos? E estas sedas?

Vê que finura... Estas peles aqui, não são admiráveis?

— Sim... Mas silencia... Podem ouvir-te aqueles que vestem miseráveis farrapos... Eles não compreenderiam tão rico guarda-roupa, enquanto, por falta de uma veste, tiritam nas noites frias.

— Vem daí, penetra em minha alcova. Já viste leito tão macio quanto o meu? Não te parece feito de plumas este colchão? Não avalias o quanto são repousantes estas almofadas!...

— Sim... Mas silencia... Podem ouvir-te aqueles que passam as noites ao relento, tendo como travesseiro a laje das calçadas... Eles não compreenderiam o teu tranqüilo repouso enquanto dormem sobre o chão nu...

— Deixa-me que te fale da minha saúde. Zelo por ela, dispensando-lhe todo cuidado. Não me descuido do uso de vitaminas e bons fortificantes. Fujo do ar viciado da cidade, indo às estações d'água, onde enriqueço o sangue. O meu médico está sempre alerta, observando-me o organismo. Ao menor sintoma de enfraquecimento, prescreve-me tratamento necessário. Minha saúde é invejável!

— Sim... Mas silencia... Podem ouvir-te aqueles enfermos que jazem à míngua... Eles não compreenderiam tamanha saúde, enquanto morrem por falta de remédios...

— Vem ouvir o Sermão da Montanha. Gravei-o com um fundo musical belíssimo, embora não compreenda bem o sentido de suas palavras...

— Sim... Mas deixa que todos os miseráveis o ouçam! Eles o compreenderão. Porque enquanto teu é o reino da Terra, deles é o Reino das Bem-Aventuranças celestes.

27

INSATISFAÇÃO

— Continua, Jardineiro, a tua história...
— Está no final. Assim, a nuvem desejava ser o orvalho para beijar as pétalas das flores na terra; e o orvalho sonhava ser a nuvem para estar pertinho do céu.

28

Floricultura

— Que cultivas em teu jardim?

— Humildes plantinhas silvestres... Dessas que todos pisam pelos caminhos e que jamais ornam as lindas jarras. Míseras plantinhas sem nome, desconhecidas, que vegetam pelos campos ao abandono, sem ter jardineiros que velem por elas. E tu, que cultivas?

— Ricas plantas de estufa. Orgulho-me de possuir as mais raras espécies. A elas dedico todas as minhas horas. Ufano-me de ser dono da mais preciosa coleção em floricultura.

— E elas, que te oferecem em paga dos teus desvelos?

— Poucas flores... Raramente florescem. São tão frágeis... Porém, basta-me a glória, o júbilo de tê-las em minha estufa. E as tuas plantas rústicas e incultas, que te oferecem?

— Flores, muitas flores ! E a alegria de vê-las plenas de seiva, graças aos meus cuidados.

29

ROSA IMORTAL

— Ó meu irmão, não faças como aquele homem que rejeitou a Rosa Imortal. Abriga em teu coração a flor da Caridade, antes que seja tarde para cultivá-la...

— A Rosa Imortal? Nunca ouvi falar nela... Queres contar-me o que sabes sobre essa Rosa, Jardineiro?

— Sim... Porém pouco conheço sobre a Rosa Imortal. Sei da sua existência por um velho dervixe que, sobre ela, narra a seguinte história; história tida por muitos como lendária, porém eu a ouvia como parábola simbólica. Ei-la: "Cantavam as pastoras "Gopis" que a Rosa Imortal florescia nos Jardins do Céu ... E certa vez, quando a lua de "Tishri" (*) mirava-se nos lagos, um

---

*Mês de janeiro no calendário judaico.

Mensageiro dos Jardineiros celestes foi à casa de um certo homem e ofereceu-lhe a Rosa Imortal, que tem nas pétalas – contava o dervixe – a cor do Olhar de Deus.

— Homem, – dissera o Mensageiro – toma esta Rosa e guarda-a em teu coração. Colheram-na os Jardineiros do Céu e são eles quem ta enviam. Vê que delicada cor cobre-lhe as pétalas e como é suave a sua essência, parecendo extraída do pólen de todas as Virtudes. Toma esta Rosa e guarda-a em teu coração.

— Impossível aceitá-la... — respondeu o homem.

— O meu coração está cheio de flores, não comporta mais nenhuma.

— Oh! Não lhe negues um lugar em teu coração... – suplicara o Mensageiro. – Despe-o dessas flores perecíveis e orna-o com esta Rosa que o Céu te envia.

— Tenho as minhas próprias flores e não posso sacrificá-las por essa Rosa.

— As tuas flores vêm do mundo e cedo perecerão... — insistia o Mensageiro. — E esta Rosa é Imortal. Guarda-a antes que a época das Oferendas termine.

— Hoje não posso aceitá-la ... Amanhã, talvez, se perecer alguma das minhas flores, abrigarei essa Rosa.

— O "amanhã" é sempre incerto, e temo que o tempo das Oferendas acabe então, e não mais possa dar-te a Rosa Imortal ...

— Não importa! Terei as minhas flores, as filhas de meu afeto. Cultivei-as com o meu próprio sangue. Elas me bastam ao coração... — com indiferença, respondera o homem.

Sem mais insistir, dissera o Mensageiro:

— Partirei levando a Rosa Imortal. Ver-te-ei um dia...

A lua de "Tishri" fora e tornara a vir mirar-se nos lagos, muitas e muitas vezes. A flor dos trigais amarelecera e as suas sementes volveram à terra revestindo-a de novos trigais.

Então o homem que rejeitara a Rosa Imortal estremeceu, sentindo o frio da invernia da existência, enquanto em passos trôpegos caminhava para o vale sombrio das horas perdidas. Diante de uma campa ajoelhou-se. Soluçava...

O Mensageiro dos Jardineiros do Céu, que vinha de cumprir uma de suas missões, passando próximo ao vale, viu o homem e, reconhecendo-o, aproximou-se. Compassivo, indagou:

— Por quem choras tu, genuflexo sobre esse túmulo?

— Choro as minhas flores mortas... Pereceram todas. Estou só, de mãos vazias diante da morte. Porém, quem és? Não me pareces estranho...

— Sou aquele Mensageiro que te trouxe a Oferenda do Céu. Lembras-te?

— Sim... Recordo. A lua de "Tishri" refletia-se nos lagos quando me ofereceste a Rosa Imortal. Rejeitei-a... Julgava que as minhas flores jamais deixassem de embelezar-me a Vida... Porém, onde está ela, a Rosa Imortal? Meu coração está vazio. Agora já posso abrigá-la.

— Que pena, pobre homem... Agora já é tarde, o tempo das Oferendas passou".

Aqui termina, meu irmão, a história do dervixe... Não faças – repito-te – como esse homem que rejeitou a Rosa Imortal. Abriga em teu coração a flor da Caridade antes que seja tarde para cultivá-la.

30

Egoísmo

— Oras apenas por ti?
— Sim, unicamente.
— És atendido?
— Não.
— Falta-te algo?
— Tudo.

31

Altruísmo

— E tu, por quem oras?
— Pelo próximo.
— Que te falta?
— Nada.

32

APARÊNCIA

— Detém-te, homem! Não bebas dessa fonte...

— Por quê?! Devem ser saborosas suas águas... Vê como são lindas as flores que a cobrem! Aquelas ninféias azuis não te parecem pedacinhos do céu, quando despido de nuvens?

— Sim ... A superfície destas águas tem a aparência que encanta e atrai. Porém afasta as flores e mergulha o olhar em seu interior... Que vês, agora?

Lama... Somente lama.

33

RIQUEZA E POBREZA

— Jardineiro, qual o homem mais rico da Terra?

— É aquele que, mesmo vivendo em um casebre, contenta-se com o pouco que tem. Esse *é* o homem mais rico da Terra.

— E o mais pobre?

— É o que, apesar de viver em opulência, sonha possuir sempre mais e mais. É o incontentável milionário, o homem mais pobre da Terra.

34

Presunção

— Palmeira, por que jamais curvas a fronde diante das outras árvores, tuas irmãs?
— Ignoro quem vive abaixo de mim.
— É por isso que pairas erecta, tão na altura, que tua sombra se dilui sobre a terra?
— Terra? ... Que é terra?
— Desconheces a terra? Singular ignorância... Se graças a ela podes firmar-te, como a desconheces?
— A minha elevação, devo à força e à vitalidade das minhas raízes.
— Só?
— Unicamente.
— Quanta presunção, ingrata Palmeira. Toda a seiva que possuis vem do coração generoso da terra. Como podes esquecê-la?
— Prova-o, Jardineiro.

— Muito fácil. Afastarei de teus pés toda a terra, já que não precisas dela... Assim...

— Que fazes, Jardineiro? Sinto-me mergulhar em vertigem... Cair... Que acontece? Parece que vou morrer...

— É a vertigem da queda, presunçosa Palmeira.

— Como? Que dizes?

— Repousavas o teu poder em ti mesma, quando todo ele vinha desta porção de terra que subestimaste.

35

A JUSTIÇA DE DEUS

— Jardineiro, a que é semelhante a Justiça de Deus?

— É semelhante à daquele rei que confiou grande quantia do seu tesouro ao primeiro Ministro, dizendo-lhe:

— Com este dinheiro, beneficiai os órfãos e viúvas pobres do meu Reino.

E o Ministro, que possuía um Espírito bajulador e mesquinho, incapaz de amar os pobres e infelizes, raciocinou:

— Com este dinheiro vou erguer um rico mausoléu para o rei. Quando ele o vir, nem se lembrará para que fim me confiou este dinheiro. Os órfãos e as viúvas que esperem...

E se assim pensou o Ministro, melhor o fez.

Entretanto, tempos depois, estando o rei em audiência pública, levaram à presença dele, para julgar, um menino de doze anos, que fora surpreendido roubando o pomar de um rico proprietário.

— Por que fizeste isso? – perguntara-lhe o monarca.

— Para matar a minha fome e a de meus cinco irmãos órfãos.

— Onde morais tu e os teus irmãos?

— Não temos pouso certo, majestade. Nas noites frias, buscamos o abrigo dos pórticos das casas ricas; quando quentes as noites, deitamo-nos sob as árvores.

— Conheces o meu primeiro Ministro?

— Sim, majestade. Certa vez buscávamos, eu e os meus irmãos, o abrigo da soleira do palácio do primeiro Ministro, quando, surpreendidos por ele, fomos enxotados.

O rei, então, mandou chamar o Ministro e perguntou-lhe:

— Que fizeste daquele dinheiro que eu vos confiei para beneficiardes os órfãos e as viúvas do meu reino?

— Ora, majestade ! Empreguei-o na construção de vosso mausoléu. Não estás lembrado?

— Sois um ladrão. Vós éreis quem deveria estar aqui para serdes julgado e não este menino, pois usastes o dinheiro dos órfãos e das viúvas para outro fim que não aquele para o qual vos foi confiado. Prendei-o, guardas!

E ao órfão, como a todos os órfãos desprotegidos do seu Reino, o rei dispensou conforto, transformando-os, de vagabundos sem pouso, em homens trabalhadores e honestos.

Semelhante à justiça desse rei é a de Deus.

36

AVAREZA

— Não compreendo, ó homem pobre, como podes sorrir se desconheces a música das moedas de ouro, acariciante como os lábios da mulher amada ...

— E eu compreendo porque não sorris, a guardar, avarentamente, os teus passageiros tesouros da Terra... O ouro transformou-te em estátua. Tens no rosto a impassibilidade das coisas mortas e a frieza dos metais. Não cantas como as aves nem sorris como as crianças. O teu sol tem o tamanho de uma libra esterlina, e o teu horizonte limita-se às quatro paredes do teu cofre... Não compreendes a minha alegria, e também não podes cantar como as aves, para quem bastam, sempre, alguns grãos caídos das espigas, por ocasião da colheita.

37

Corpo e Essência

— Por que choravas sobre a campa do teu ente querido?

— Porque ali repousa o seu corpo amado...

— Conservas, então, como relíquias, os frascos que encerraram os teus perfumes prediletos?

— Não.

— Então, por que choras sobre um corpo que não contém mais a essência da vida? Ignoras que nenhuma partícula da luz de Deus pode ser diluída pelo pó da Terra?

38

Orgulho

— Enoja-me a plebe, a promiscuidade daqueles que vêm estigmatizados na Vida, trazendo a noite na pele, a ignorância na Alma e trapos como vestes...

— Oh! Não te orgulhes do Presente... Sabes, por acaso, o que foste no Passado e o que serás no Futuro?

39

QUEDA

— Que mais te entristece, Jardineiro: ver um réptil arrastando-se na lama ou um lírio caído sobre o pó?
— Entristece-me muito mais ver um lírio arrastado pelo pó, colhido pelo vento das Paixões.

40

PRETENSÃO

— Eu vi a Rosa rubra fitar o céu, olhando com desprezo as estrelas que o iluminavam. Julgava-se a rainha da Noite, e que o arco prateado do luar era o seu diadema.

— E as estrelas a percebiam?

— Não... Ignorando-a cantavam, na Amplidão, a sinfonia da Luz.

— E a Rosa?

— Quando surgiu a nova madrugada escondendo atrás da cortina do Dia o olhar das estrelas, o orvalho umedeceu as pétalas da Rosa rubra; então, ela julgou que fossem as lágrimas das estrelas, pesarosas com a sua beleza.

— E que aconteceu?

— Sentindo-se o mais invejado dos seres, a Rosa gargalhou alto, feliz com o seu pretenso triunfo! Com que arrogância olhava as outras flores...

— Depois?

— Depois... Antes do sol escalar a montanha que o separava do poente, a Rosa não resistiu à brisa da Noite... Despetalando-se, caiu sobre os próprios espinhos. Efêmera é a Vida... No infinito, as estrelas continuavam cantando a sinfonia da Luz.

41

DIFERENÇA

— Se renuncio à Ventura e à Paz por dever para com aqueles que me amam?

— És um Homem.

— Se renuncio à Ventura e à Paz por Amor àqueles que me fazem chorar o pranto de todas as angústias?

— És um Anjo.

42

Nada é desprezível

– Qual o fim da Sabedoria?
– Extinguir a Ignorância.
– E do Bem?
– Instruir o Mal.
– E do Mal?
– Ser lição para o Bem.

43
Resumo

— A Vida?
— É Amor.
— E o Amor?
— Vida.

ASSINE JÁ O JORNAL

Adquira já os livros das Edições Correio Fraterno

Acesse o site
www.correiofraterno.com.br